Blockchain

Blockchain und Bitcoins – Die Technologie der Zukunft

Inhaltsverzeichnis

Einleitung 1

Kapitel 1: Aufbau von Blockchains 4

Was ist eine Blockchain? 4

Was steckt in den Blöcken einer Blockchain? 8

Wie werden neue Blöcke erstellt? 10

Kapitel 2: Pro und Kontra zu Blockchains 14

Was haben Blockchains für Vorteile? 14

Wer legt eigentlich die Regeln für die Blockchain fest?
................19

Gibt es generelle Nachteile bei der Nutzung von Blockchains? 22

Kapitel 3: Anwendungen von Blockchains 25

Kryptowährungen 25

Smart Contracts 26

Aktien 27

Privater Handel 28

Online Wahlen 29

Urheberrecht 30

Schlusswort 32

Impressum 38

Einleitung

Blockchains sind eine faszinierende Entwicklung neuer Möglichkeiten, das Internet für unsere alltäglichen Bedürfnisse zu nutzen. Die Vernetzung des Internets hat uns Menschen als Gemeinschaft unbestreitbar näher zusammen wachsen lassen. Hier können Informationen relativ frei über den gesamten Globus ausgetauscht und miteinander geteilt werden. Nichtsdestotrotz gibt es natürlich auch Probleme, die durch das Internet überhaupt erst entstanden sind. Die Entwicklung von Blockchains ist eine recht neuartige Technologie, deren Verfechter das enorme Potenzial anpreisen viele der gegenwärtigen Probleme im Finanzsystem und anderen Bereich lösen zu können. Kritiker hingegen halten die Blockchain-Technologie für wenig realistisch und utopisch. Die Wahrheit liegt dabei vermutlich irgendwo dazwischen.

Vielen ist die Blockchain-Technologie durch ihre Anwendung in der Währung Bitcoin relativ bekannt. Dabei beschäftigt sich nur ein Teil der Bitcoin-Nutzer mit der dahinter steckenden Technologie, was bedeutet, dass vielen das Zukunftspotenzial dieser Technologie und das Verständnis für diese entgehen. Auch leidet die Zugänglichkeit der zugrunde liegenden Theorie ein weniger unter dem Einfluss von Fachjargon von IT-Spezialisten. Viele von uns sind zwar einigermaßen mit dem Internet vertraut, aber wenn es um das dahinter liegende System geht, ist das häufig ein Buch mit sieben Siegeln. In diesem E-Book wird versucht, die Technologie der Blockchain einfach zu erklären und richtet sich somit an Laien. IT-Spezialisten seien gewarnt, dass manche der hier präsentierten Informationen möglicherweise etwas generalisiert dargestellt sind.

Dazu sei allerdings gesagt, dass viele einzelne Konzepte und Ideen der Blockchain-Technologie zurzeit debattiert und teilweise unterschiedlich ausgelegt werden, was ganz auf die spezifische Anwendung ankommt. In diesem E-Book fokussieren wir uns einerseits auf generelle Merkmale dieser Technologie. Und andererseits nehmen wir den Bitcoin als praktisches Beispiel der Anwendung einer Blockchain. Dabei sei allerdings gesagt, dass wir uns dem Bitcoin eher von der technischen Seite widmen und nicht wie man mit diesem handelt, beziehungsweise Geld damit verdient. Trotzdem eignet sich der Bitcoin gut als Beispiel, um bestimmte Eigenschaften einer Blockchain zu beschreiben. Der wichtige Punkt ist allerdings, dass manche der hier aufgeführten Eigenschaften nicht unbedingt auf jede Art von Blockchain zutreffen.

Kapitel 1: Aufbau von Blockchains

In diesem Kapitel widmen wir uns dem theoretischen Konzept von Blockchains, was diese im Aufbau auszeichnet und wie mit einer Blockchain verfahren wird. Hier und auch in späteren Kapiteln werden wichtige Begriffe dabei hervorgehoben, um Aufmerksamkeit und dadurch das Verständnis zu erleichtern.

Was ist eine Blockchain?

Bevor wir anfangen, die Blockchain näher zu beschreiben, werden wir kurz die Entwicklung der damit einhergehenden Idee beleuchten. Das theoretische Konzept der Blockchain ist untrennbar mit der Kryptowährung Bitcoin verbunden. Bitcoin ist eine Art Internet-Währung, die nach den Prinzipien einer Blockchain aufgebaut ist. Sie sind insofern untrennbar verbunden, als der Erfinder Satoshi Nakamoto (wobei es sich um ein Pseudonym handelt) mit der Entwicklung des Bitcoins die erste praktische Anwendung einer Blockchain schuf. Ursprünglich wurde die grundsätzliche Idee in einer Publikation von Stuart Haber und W. Scott Stornetta im Jahr 1991 beschrieben. Aber erst im Jahr 2008 fand sich durch die Entwicklung der Bitcoins von Satoshi Nakamoti eine praktische Anwendung, was die grundsätzliche Idee populär werden ließ und ihr großes Potenzial offenbarte. Vielleicht fragst du dich, warum hier zuerst von der Geschichte der Entwicklung geredet wird, bevor wir die eigentliche Idee beleuchten. Das ist deshalb wichtig, weil der Bitcoin als Währung uns immer wieder als praktisches Beispiel der dahinter steckenden Ideen dienen wird. Die Beschreibungen und Erklärungen der einzelnen Details der Blockchain werden manchen Leser möglicherweise etwas abstrakt erscheinen, weswegen ein alltägliches Beispiel wie Geld eine gute Illustration hergibt. Immerhin haben wir tagtäglich mit Geld zu tun und haben zumindest eine grundlegende Vorstellung, wie das dahinter stehende System funktioniert.

Nun, was ist eine Blockchain? Eine **Blockchain** (zu Deutsch: „Block-Kette") ist, einfach ausgedrückt, eine Art öffentliche Datenbank, die alle Informationen und die daran durchgeführten Veränderungen in Form von Blöcken speichert und diese in zeitlicher Abfolge in Form einer Kette anlegt.

Bei Währungen wie Bitcoins handelt es sich bei der gespeicherten Information um die einzelnen Geldeinheiten, wer diese besitzt, beziehungsweise „benutzen" kann und die bisher durchgeführten Transaktionen (die Veränderung der Information). Man kann das auch mit dem Euro als Währung vergleichen. Banken speichern als Informationen erst einmal die existierenden Euros an sich. Dann kommen Konten hinzu, welche definieren wer wie viele der existierenden Euros besitzt. Und anschließend die bisher getätigten Überweisungen, quasi der Grund warum zum derzeitigen Zeitpunkt wer wie viele Euros besitzt. So weit, so gut.

Nun, was unterscheidet also eine Blockchain von „normalen" Datenbänken, die beim Beispiel der Währungen natürlich von Banken selber angelegt werden? Einer der wichtigsten Unterschiede ist, dass das gesamte System der Blockchain von den Nutzern in einem sogenannten **Peer-To-Peer (P2P)** System über das Internet genutzt und bereitgestellt wird. Das bedeutet hauptsächlich, dass alle Nutzer des Systems dieses überhaupt bilden. Hierbei stellt jeder Rechner eines jeden Nutzers einen Teil des Systems dar. Man nennt hierbei die einzelnen teilnehmenden Rechner **Nodes**. Jede Node besitzt dabei die komplette Datenbank und kann mit jeder anderen Node verbunden werden und sich mit dieser austauschen. Beim Euro stellt natürlich die Bank die entsprechende Datenbank zur Verfügung. Und stellt bei der Anfrage eines Nutzer sicher, dass der Nutzer nur Zugriff auf den Teil des Geldes in der Datenbank hat, den er oder sie auch selber besitzt. Bei den Bitcoins auf der anderen Seite gibt es keine Bank. Die Blockchain existiert hier in so vielen Kopien, wie es Nutzer im System gibt. Jeder Nutzer besitzt somit eine Kopie der gesamten Datenbank. Wir werden später die Vorteile (und Nachteile) von diesem System genauer beleuchten. Aber eine der ersten Fragen, die dir dabei wahrscheinlich in den Kopf kommt, ist: „Kann nicht jeder Nutzer dann automatisch auslesen, welcher Nutzer auf wie viele Informationen zugreifen kann, beziehungsweise wie viele Informationen ein Nutzer besitzt?" Bei Bitcoins bedeutet das zu fragen, ob dadurch nicht jeder erkennen könne, wer wie viel Geld besitzt.

Damit kommen wir zu einem weiteren wichtigen Unterschied. Und das ist, dass der Besitz über oder Zugriff auf die einzelnen Informationen im System bei einer Blockchain **kryptografisch verschlüsselt** ist. In einer Blockchain werden keine Namen gespeichert. Ganz einfach aus dem Grund, weil keiner der Nutzer in der Lage sein sollte, auf Informationen anderer zuzugreifen und diese auch nicht auszulesen. Schließlich möchtest du ja auch nicht, dass jeder einzelne Bankkunde automatisch wissen kann wieviel Geld du auf dem Konto hast, nur weil er Kunde derselben Bank ist. Denk daran, wie bei den Bitcoins gibt es keine Bank an sich, nur die Kunden. Wie also wird bei einer Blockchain sichergestellt, dass Nutzer ausschließlich Zugriff auf ihre Informationen haben? Indem der Besitz über einzelne Informationen mit einem Schlüssel ausgegeben wird. Nur wer den Schlüssel hat, kann auf die Information zugreifen und diese verändern. Bei den Bitcoins erhält jeder Nutzer zu jedem seiner Konten mindestens einen Schlüssel. Dieser Schlüssel ist die einzige Möglichkeit auf das Konto zuzugreifen. Auch hier werden wir die Vorteile (und Nachteile) später genauer beleuchten. Fürs erste reicht es zu verstehen, dass der Zugriff auf Teile der Information auf einer Blockchain immer mit einem Schlüssel gesichert ist, damit nicht alle Nutzer des Systems darauf zugreifen können.

Was steckt in den Blöcken einer Blockchain?

Als nächstes schauen wir uns den genauen Inhalt eines Blocks an. Hierbei gilt zu beachten, dass es zwei Arten von Blocks gibt. Den Ursprungsblock, oder auch Genesisblock genannt, und alle darauf folgenden Blöcke. Der Ursprungsblock enthält alle Informationen, die bei der Erstellung des Systems eingegeben werden. Bei den Bitcoins sind dies die allerersten Bitcoins, die im System an Nutzer vergeben wurden. Anschließend besteht jeder weitere Block einer Blockchain im Grunde aus drei Teilen. Als erstes aus einem Teil, der den vorherigen Block anzeigt, die so genannte **Hashfunktion**. Mit der Hashfunktion lässt sich immer der vorherige Block einer Blockchain identifizieren, man kann also einfach vom letzten Block die genaue Reihenfolge zum Ursprungsblock zurückverfolgen. Der zweite Teil ist ein **Zeitstempel**, der anzeigt wann dieser Block erstellt wurde. Und als letztes die **Änderungen**, die an der Blockchain zum Zeitpunkt der Erstellung des Blocks vorgenommen wurden. Somit bildet sich dann die Kette, die dem Prinzip seinen Namen Blockchain verleiht.

Bei Bitcoins enthält jeder Block somit die Überweisungen, die zum Zeitpunkt der Erstellung des Blocks mit den Bitcoins durchgeführt wurden. Somit lässt sich durch Rückverfolgung dieser Überweisungen ganz einfach feststellen, welchem Konto zurzeit wie viele Bitcoins zugewiesen sind. Man muss somit nicht die kompletten Daten in jedem einzelnen Block der Blockchain speichern, lediglich die Änderungen zu jedem gegebenen Zeitpunkt.

Wie werden neue Blöcke erstellt?

Die Erstellung neuer Blöcke der Blockchain ist ein weiteres, interessantes Thema. Damit nämlich sichergestellt wird, dass jeder Nutzer dieselben Daten auf seiner Blockchain gespeichert hat, werden die Daten aller Nutzer ständig miteinander verglichen. Wenn sich eine Diskrepanz zwischen zwei Blockchains zweier Nodes feststellen lässt, wird nun verglichen, welches die aktuellste Blockchain mit dem zeitlich am dichtesten zurückliegenden letzten Block ist. Die Daten dieser Blockchain werden dann auf die andere Blockchain überschrieben. So verbreiten sich Änderungen an

Informationen im gesamten System über eine kurze Zeit.

Somit braucht es theoretisch nur einen einzigen Nutzer, der zu einem Zeitpunkt eine aktive Änderung an der Information in Form eines neuen Blocks an seiner Blockchain vornimmt. Diese Änderung sollte dann von den Blockchains aller anderen Nutzer in folgenden Abgleichen übernommen werden. Allerdings ist dies nur die halbe Wahrheit, da der Prozess an die Realität der Internettechnologie angepasst werden muss. Das System muss unter anderem vor Überlastung geschützt werden, die entweder ungewollt durch besonders viele gleichzeitige Überweisungen oder gewollt durch einen Angriff verursacht werden kann. Um das zu gewährleisten, wurde festgelegt, dass die Erstellung neuer Blöcke wesentlich mehr Rechenleistung benötigen sollte als der Abgleich und die darauf folgende Kopierung der Blockchain. Somit sind nur rechenstarke Nodes wie Server in der Lage, die Berechnung neuer Blöcke durchzuführen. Und können diese dann Stück für Stück ausführen, sodass eine Überlastung ausgeschlossen wird. Dies führt dazu, dass einzelne Nutzer, beziehungsweise Nodes, die eine Änderung durchführen möchten, die vorgeschlagene Änderung zuerst an einen Server schicken, der dann die Änderung in Form eines neuen

Blocks in seiner Blockchain aufnimmt. Daraus folgt dann, dass es einen Anreiz geben muss, dass einzelne Nutzer besonders leistungsstarke Rechner dem ganzen System zur Verfügung stellen. Dieser Anreiz muss hoch genug sein, dass eine kritische Mindest-Menge an Personen dem System hohe Rechenleistung zur Verfügung stellt.

Bei Bitcoins wird das Erstellen der neuen Blöcke **Bitcoin Mining** genannt, und der Anreiz ist hierbei gegeben in Form von der Vergabe neuer Bitcoins und in Überweisungsgebühren, die der Betreiber eines solchen Servers für die Bearbeitung einer Transaktion verlangen kann. Dies illustriert den Anreiz, den einzelne Nutzer haben müssen dem System mehr Rechenleistung zur Verfügung zu stellen. Bei anderen Anwendungen kann der Anreiz natürlich etwas anderes sein, es muss allerdings immer etwas sein, was generell erstrebenswert ist. Beim Bitcoin wird übrigens die Erstellung neuer Blöcke insofern erschwert, dass das Finden einer zum vorherigen Block passenden Hashfunktion nur durch aufwändiges Ausprobieren von Zufallszahlen erledigt werden kann. Da man auf diesen Wert halt nur durch Zufall stößt, wird der Prozess Bitcoin Mining genannt.

Ein weiterer, wichtiger Aspekt ist, dass beim gleichzeitigen Erstellen neuer unterschiedlicher Blöcke auf zwei verschiedenen Blockchains somit zwei konkurrierende Versionen der Blockchain entstehen. Hierbei „überlebt" dann die Blockchain, auf die schneller eine neuere, weitere Änderung eingetragen wurde. Wenn die andere Blockchain nun anschließend überschrieben wird, geht die vormals eingetragene und korrekte Überweisung theoretisch verloren. Aus diesem Grund überprüft die Software eines Nutzers permanent, ob eine gesendete Änderung auch tatsächlich vom System und nicht nur vom Server angenommen wurde. Falls das nicht der Fall ist, wird die Änderung nach einiger Zeit einfach nochmal an den Server geschickt. So wird sicher gegangen, dass ab einem gewissen Zeitpunkt die Änderung tatsächlich in der Blockchain aufgenommen wird.

Kapitel 2: Pro und Kontra zu Blockchains

In diesem Kapitel widmen wir uns nun den Vorteilen und Nachteilen von Blockchains gegenüber mehr traditionellen Formen der Datenspeicherung. Nachdem das erste Kapitel einzelne Aspekte der Blockchains eher einfach beleuchtet hat, sollte natürlich die Frage aufgekommen sein, was das Ganze überhaupt für Vorteile für die Nutzer bringt, beziehungsweise warum gewisse Aspekte der Blockchain so gestaltet sind, wie sie sind.

Was haben Blockchains für Vorteile?

Der hauptsächliche Vorteil ist eine **Dezentralisierung** des zugrunde liegenden Systems. Das bedeutet zuerst einmal, dass keine Einzelperson oder Institution Macht über das System ausüben kann. Eine Bank beispielsweise hat alle Informationen und Möglichkeiten zur Verfügung, mit dem Geld auf deinem Konto beliebig zu verfahren. Ob du es nun gut heißt oder nicht, Bankangestellte deiner Bank können jederzeit auf dein Konto zugreifen und sehen, wieviel

Geld du (bei ihnen) hast. Und dieses auch natürlich auch woanders hin senden oder sperren, je nach gegebenen Richtlinien und Verfahrensweisen. Natürlich hat das seine gewisse Richtigkeit, schließlich bist du ja Kunde bei dieser Bank und nicht Teilhaber der Bank. Bei einem Blockchain-basierten System wie Bitcoins gibt es aber keine zentrale Autorität, die Entscheidungen über das System vornehmen kann (in den meisten Fällen zumindest). Prinzipiell hat jeder Nutzer die alleinige Kontrolle über die ihm zugewiesene Information. Und allgemeine Änderungen werden meistens kollektiv mit allen Nutzern entschieden.

Aus der Dezentralisierung des Systems ergeben sich auch weitere, indirekte Vorteile für die Nutzer. Zum einen ist das System wesentlich sicherer. Wie bereits erwähnt, legitime Änderungen an einer Information lassen sich nur über den dazu gehörigen Schlüssel ausführen. Ein Teil der Sicherheit der einzelnen Informationen liegt somit beim Nutzer selber, indem dieser niemals seinen Schlüssel anderen Nutzern anvertrauen sollte. Aber ohne zu sehr ins technische Detail zu gehen, es ist durch die Verschlüsselung ganz einfach unmöglich Änderungen an aktuellen Informationen vorzunehmen, die einem nicht zugewiesen sind. Mit anderen Worten, es ist ohne Schlüssel unmöglich, einen Server eines Blockchain-basierten Systems anzuweisen, eine Veränderung an einer Information durchzuführen. Beim Bitcoin-System kann schlichtweg kein Nutzer eine Überweisung von Konten Anderer anweisen. Die einzig verbleibende Alternative ist es, eine komplett gefälschte Blockchain als aktuellste Version auszugeben und in das System einzuspeisen. In der Erwartung, dass das gesamte System dann die Änderung annimmt. Hierbei ist zu beachten, dass Blockchains mit neuen Blöcken ständig die älteren überschreiben. Also müsste man permanent eine immer neuere Version der gefälschten Blockchain erstellen und diese dem gesamten System präsentieren. Das Problem dabei ist, dass man schneller neuere Version der gefälschten Blockchain in das System einspeisen müsste, als das gesamte restliche System neuere Versionen an der tatsächlichen Blockchain einspeist. Das Endergebnis dessen ist, dass diese Option der Fälschung es verlangen würde, dass man mehr Nodes, beziehungsweise Rechenleistung, zur Verfügung hat, als dem gesamten restlichen System zur Verfügung steht. Man nennt so einen Fall als **51% Angriff**, da man 51% des gesamten Systems kontrollieren müsste, um erfolgreich zu sein. Je nach Größe und der damit verbundenen Rechenleistung eines Blockchain-basierten

Systems ist das sehr unwahrscheinlich bis unmöglich.

Man könne nun zu Recht anwenden, dass praktisch gesehen Banken zum Beispiel ihre Datenbanken auch außerordentlich gut schützen. Wo soll dann der Unterschied in der Sicherheit sein? Der Unterschied liegt darin, dass die Sicherheit bei einem Blockchain-basierten System ganz einfach aus dem Aufbau des Systems natürlich entsteht. Einzelne Institutionen müssen ständig neue Ressourcen investieren, um ihre Datenbanken sicherer werden zu lassen. Banken können sich sowas natürlich leisten. Aber es gibt auch andere Anwendungsgebiete eines Blockchain-basierten Systems als die einer Währung. Und hier ist es nicht immer gewährleistet, dass genügend Ressourcen zur Wahrung der Sicherheit zur Verfügung stehen. Je nach Anwendungsgebiet (auf die wir später genauer eingehen werden), ist ein Blockchain System also eine sehr kostengünstige Alternative in Punkto Sicherheit, im Vergleich zu herkömmlichen Datenbanken.

Ein weiterer Vorteil der Dezentralisierung ist, dass das gesamte System sehr robust ist. Das bedeutet, dass der Ausfall eines einzelnen oder mehrerer Rechners eines Nutzers im System so gut wie keine Auswirkung auf das restliche System hat. Schließlich existieren unzählige Kopien derselben Datenbank, zu jedem gegebenen Zeitpunkt. Dies zeigt sich deutlich in der Geschichte des Bitcoins. Während zum Beispiel Onlinedienste von Banken mal ausfallen können, wenn ein Serverfehler auftritt, so ist seit der Gründung des Bitcoins das System nie ausgefallen.

Schnelligkeit ist ein Vorteil, der sich aus der einfachen Verbreitung von Änderungen der Information ergibt. Da Nodes einfach in der Lage sind, eine ältere Blockchains mit aktuelleren Blockchains zu ersetzen, besteht das Potenzial dass sich Änderungen der Information im gesamten System relativ schnell verbreiten. Auf Bitcoins gesehen bedeutet das praktisch, dass Überweisungen sehr viel schneller durchgeführt werden können, als bei Überweisungen herkömmlicher Währungen. grade bei internationalen Transaktionen macht das einen riesigen Unterschied. Wir reden hier von Minuten bis 1-2 Stunden bei Bitcoins im Vergleich zu Tagen bei internationalen Überweisungen herkömmlicher Währungen.

Transparenz und Offenheit sind weitere wichtige Vorteile an Blockchain-basierten Systemen. Wie gesagt, jeder Nutzer kann prinzipiell einen gewissen Einblick in das gesamte System erhalten. Je nach

Anwendung ist das mehr oder weniger gewünscht. Bei Bitcoins beispielsweise ist es technisch möglich die Kontostände aller existierenden Bitcoin-Kontos auszulesen. Die einzelnen Konten sind dabei natürlich keinen Personen zugeordnet, immerhin speichert die Blockchain keine Informationen über Namen oder sonstigen Identifikationsmerkmalen ab. Bei anderen Anwendungsgebieten ist eine solche Transparenz der Daten allerdings recht erwünscht. Des Weiteren werden die allermeisten Programme, die Blockchain-basierte Systeme ermöglichen, als sogenannte **Open Source Software** veröffentlicht. Das bedeutet, dass jeder Nutzer den zugrunde liegenden Programmierkode lesen kann und somit feststellbar ist, ob das Programm das tut, was es verspricht zu tun, und ob es eventuelle Hintertüren gibt.

Wer legt eigentlich die Regeln für die Blockchain fest?

Nachdem wir nun viele der Vorteile von Blockchains genannt haben, sollten wir uns kurz der Reglementierung dieser widmen. Wer legt zum Beispiel fest, was genau als Anreiz für Bitcoin Miner geboten wird, damit diese neue Blöcke für die Blockchain erstellen? Oder was für Informationen in den Blöcken einer Blockchain gespeichert werden? Oder wie die Blöcke überhaupt erstellt werden? Im Grunde werden solche Aspekte von drei Parteien bestimmt. Als erstes ist dies der ursprüngliche Gründer eines Blockchain-Systems. Beim Bitcoin zum Beispiel hatte Satoshi Nakamoti eine lange Zeit lang einen großen Einfluss auf die Entwicklung des Bitcoins. Das macht in gewisser Weise Sinn, da sich der Gründer natürlich zu einem hohen Maße mit dem entsprechenden Anwendungsgebiet auskennen sollte. Allerdings wiederspricht das generell dem Prinzip der Dezentralisierung. Dabei sollte unterschieden werden zwischen zwei Arten der Dezentralisierung. Einmal in der Bearbeitung und Bereitstellung des Netzwerks, beziehungsweise der Blockchain. Die Dezentralisierung in Form eine Peer-To-Peer Netzwerks ist dabei allen Blockchain-Systemen gemein, dies ist einer der zentralsten Punkte. Auf der Seite der Festlegung der Regeln innerhalb dieses Netzwerks gibt es allerdings geteilte Meinungen. Manche sind der Meinung, dass Experten am besten solche Entscheidungen treffen sollten, solange sie diese offen kommunizieren. Andere sind wiederum der Meinung, dass Entscheidungen ausschließlich von der zweiten Partei gefällt werden sollten. Und das sind die Nutzer des Netzwerks. Natürlich kommt auch das ganz auf die spezielle Anwendung an. Beim Bitcoin wurde die Entscheidungsgewalt tatsächlich graduell von Satoshi Nakamoti an die Nutzergemeinschaft abgegeben. Beim Bitcoin werden dadurch tatsächlich viele Entscheidungen demokratisch in der Nutzergemeinschaft gefällt. Es gibt allerdings noch eine dritte Partei und das ist der Einfluss des Markts. Ein Blockchain-System, dass für einen bestimmten Anwendungsbereich geschaffen wurde, muss sich natürlich den Begebenheiten dieses Anwendungsbereiches anpassen. Das mag an sich einfach klingen, man sollte aber immer bedenken, dass die Blockchain noch immer eine sehr junge Technologie ist. Weder der Gründer eines Netzwerks, noch seine Nutzer, können 100% vorhersagen, wie sich der Markt oder der Anwendungsbereich sich entwickelt. Dabei ist es einfach wichtig, eine einzige Sache im Kopf zu behalten: Blockchain-Netzwerke ändern sich. Und das zum Teil revolutionär und mit weitreichenden Konsequenzen. Wer sich ein Bild davon machen möchte, sollte sich über die Bitcoin-Spaltung im August 2017 informieren. Kurz zusammengefasst führte hier ein Streit der Nutzer über die Anpassbarkeit des Systems zu einer Spaltung in zwei Währungen: Bitcoin Classic und Bitcoin Cash. Man stelle sich einfach vor, die Bürger Deutschlands hätten so viel Entscheidungsgewalt und Diskussionen über die Einführung des Euros gehabt, dass bis heute beide Währungen benutzt werden dürften. Dabei muss man selber entscheiden, ob man das als positiv oder negativ ansieht.

Gibt es generelle Nachteile bei der Nutzung von Blockchains?

Ja, natürlich bringt die Nutzung von Blockchain-basierten Systemen auch Nachteile mit sich. Zuerst einmal ergibt sich die Stärke eines Blockchain-basierten Systems einfach aus der Größe des verbundenen Netzwerks an Nodes. Die praktische Anwendung beschränkt sich somit auf Gebiete, die eine hohe Anzahl an Teilnehmern mit sich bringen. Viel wichtiger ist allerdings, dass die Dezentralisierung und der damit verbundene Wegfall einer Kontrollinstanz auch als negativ angesehen werden kann. Zum Beispiel wurde bereits erwähnt, dass die einzige Möglichkeit Informationen zu verändern mit dem Besitz des dazugehörigen Schlüssels funktioniert. Der Schlüssel ist beim praktischen Vergleich in etwa wie die Geheimzahl oder PIN bei einem Konto. Was, wenn man seine PIN verliert oder vergisst? Bei einem Blockchain-basierten System gibt es keine Möglichkeit, dass jemand anderes dann einem eine neue Geheimzahl, beziehungsweise Schlüssel, vergibt. Die damit verbundene Information kann also nie wieder geändert werden. Bei den Bitcoins gibt es immer wieder Geschichten von Leuten, die ihre Zugangsschlüssel und die damit verbundenen Bitcoins für immer verloren haben. Mit anderen Worten, es liegt zwar deutlich mehr Kontrolle bei den Nutzern, diese Kontrolle kann aber dadurch zu mehr Schaden durch menschliche Fehler führen. Darüber lässt sich viel debattieren, im Grunde aber wiegt die niedrigere Fremdbestimmung für Befürworter Blockchain-basierter Systeme schwerer, während die Vermeidung menschlicher Fehler für Kritiker Blockchain-basierter Systeme schwerer wiegt. Schließlich ist ein weiteres Problem die ständig wachsende Größe der Datenbank, da immerhin die gesamten jemals durchgeführten Änderungen an Informationen in einer Blockchain gespeichert werden. Beim Bitcoin hat die Dateigröße der Blockchain inzwischen über 100 GB erreicht. Wenn neue Nutzer sich nun dem Netzwerk anschließen möchten, muss die gesamte Blockchain runtergeladen und gespeichert werden.

Kapitel 3: Anwendungen von Blockchains

In diesem Kapitel beleuchten wir verschiedenste praktische Anwendungsgebiete von Blockchain-basierten Systemen genauer. Viele Ideen der Anwendung Blockchain basierter Peer-To-Peer Systemen haben enormes Potenzial, befinden sich aber noch am Anfang ihrer Entwicklung. Ob man nun enthusiastisch dieser Entwicklung entgegen sieht oder ihr eher kritisch gegenüber steht, es steht auf jeden Fall fest, dass die generelle Verbreitung solcher Systeme noch lange dauern wird. Nichtsdestotrotz zeigen sich bereits große Vertreter der Wirtschaft interessiert an diesem Konzept. In diesem Kapitel werden wir über die wichtigsten Anwendungsgebiete gehen, die derzeitig entwickelt werden.

Kryptowährungen

Wie bereits erwähnt, stammt die Idee der Blockchain aus der Entwicklung der Kryptowährung Bitcoin. Außer Bitcoin gibt es noch weitere Kryptowährungen, die auf

Blockchains basieren, wie Bitcoin Cash, Blackcoin, Dash und Nxt. Kryptowährungen stellen zurzeit die am weitesten entwickelte Anwendung eines Blockchain-basierten Systems dar, und diese Währungen sind zurzeit immer noch weit von einer allgemeinen Verbreitung entfernt. Grade wird Bitcoin zwar durch den rasant ansteigenden Kurs als Spekulationsobjekt wesentlich populärer. Jedoch steht dies noch der eher zurückhaltenden Entwicklung von Möglichkeiten, mit Bitcoins zu bezahlen, gegenüber. Allerdings ändert sich das von Tag zu Tag, da ständig neue Händler und Dienstleister Bitcoin als Zahlmethode in ihre Optionen aufnehmen.

Smart Contracts

Die Gründer des Projekts Ethereum hielten die Grundidee von der Blockchain genial, aber die Anwendung der Bitcoins zu restriktiv gebunden. Darum entwickelten sie eine auf Blockchains basierte Programmiersprache, die es erlaubt Smart Contracts (Zu Deutsch: Kluge Verträge) zu entwerfen. Einfach gesehen handelt es sich dabei um automatisierte Verträge, die bei Erfüllung bestimmter Konditionen automatisch

Bezahlungen und weitere Auswirkungen ausführen. Der Vertrag wird dabei auf der Blockchain gespeichert.

Das Projekt Ethereum versteht sich selbst dabei als Grundlage weitere Anwendungsbereiche von Blockchains zu erschließen. In der gegenwärtigen Form sind die möglichen Funktionen noch recht simpel, es können nach der Bedingung verschiedenster Bedingungen zum Beispiel Bezahlungen in Bitcoin automatisch durchgeführt werden. Viele der im Folgenden genannten Beispielen, von Blockchain basierten Systemen, haben als Grundlage das Projekt Ethereum.

Aktien

Aktien stellen eine weitere Möglichkeit dar, den Besitz über Informationen in Form eines Blockchain-basierten Systems abzuwickeln. Zum einen ist die mit dem System verbundene Schnelligkeit ein Faktor, der ein solches System als sehr attraktiv erscheinen lässt. Immerhin geht es an der Börse um schnell steigende und fallende Kurse. Ein solches System könnte also eine Anzeige der Kurse in Echtzeit, sowie einen vergleichsweise augenblicklichen Handel mit den Aktien ermöglichen. Außerdem könnte bei einem Peer-To-Peer basierten Aktiensystem die eigentliche Börse mit Vermittlern, Börsenmaklern und Brokern wegfallen. Für die Nutzer würden also Kosten gesenkt.

Praktisch beschäftigt sich neben einigen internationalen Börsen in Australien, Japan, Estland und der Schweiz auch die Deutsche Börse in Frankfurt mit der Möglichkeit ein Blockchain-basiertes Aktien-System einzuführen. Auch wenn es bis jetzt noch so gut wie keine praktische relevante Möglichkeit gibt, über ein solches System Aktien tatsächlich zu handeln, so zeigt dies das Potenzial, was namhafte Börsen diesem Konzept zuschreiben. Immerhin bietet Nxt als Plattform eine solche Funktion bereits an, wobei man hier bis jetzt ausschließlich Anteile von Startup-Unternehmen handeln kann, welche ihr Geschäft auf Kryptowährungen auslegen.

Privater Handel

Mit dem Angebot privater Dienstleistungen oder Güter, auf Plattformen wie Uber und

AirBnB, ergibt eine weitere potenzielle Anwendungsmöglichkeit. Da die Angebotenen Dienstleistungen und Güter sowieso privat von den Nutzern angeboten werden, würde ein Blockchain-basiertes System hier auch wieder die Notwendigkeit eines Vermittlers entfallen lassen und die damit verbundenen Kosten verringern. Derzeit steht mit der Plattform OpenBazarr eine eBay- oder Amazon-ähnliche Variante eines auf Blockchains basierten Online-Shops in der Entwicklung. Mögliche Vorteile für Händler sind die erhöhte Kontrolle über Preise und Kundenkontakt, wobei dadurch auch die Bewertung der Nutzer, also die Reputation, deutlich wichtiger wird. Dazu sei gesagt, dass Bezahlungen auf OpenBazarr bis jetzt ausschließlich mit Bitcoins und anderen Kryptowährungen durchgeführt werden.

Online Wahlen

Auch das Wahlsystem könnte durch ein Online System basierend auf Blockchains ersetzt werden. Hierbei sind Transparenz, Offenheit und Sicherheit die wichtigsten Faktoren, die dafür sprechen würden. Zum einen wären die Ergebnisse direkt einsehbar und für jeden Wähler frei zugänglich.

Außerdem wären die Ergebnisse relativ sicher vor der Beeinflussung Dritter. Grade der Punkt Sicherheit ist dabei interessant, da mittlerweile Wahlergebnisse, auch wenn in Papierform angenommen, in digitaler Form gebündelt und gesendet werden. Und hierbei zeigten sich auch hierzulande erhebliche Mängel in der Sicherheit, die eine gewisse Beeinflussung von außen zulassen könnten. Follow MyVote ist ein Projekt, was sich mit der Entwicklung eines auf Blockchain basierten Wahlsystems beschäftigt.

Urheberrecht

Die nicht reglementierte Verbreitung und Kopie urheberrechtlicher Werke im Internet ist ein Problem, vor allem in der Film- und Musikbranche, welches du Blockchain-basierte Systeme potenziell behoben werden könnte. Bei einem solchen System könnten Künstler ihre Werke direkt an Konsumenten verkaufen, und dabei sowohl die Lizensierung als auch die Abwicklung von Lizenzgebühren automatisch über ein Peer-To-Peer System bearbeiten lassen. Das Projekt Mycelia versucht ein solches System zu erschaffen, bei dem im besten Falle ein Peer-To-Peer System die Verbreitung und den Konsum von künstlerischen Werken übernehmen soll, anstelle von Diensten wie Spotify oder Youtube.

Schlusswort

Hoffentlich hast du nun einen allgemeinen Einblick in die Funktionsweise einer Blockchain gewinnen können. Informiere dich auf jeden Fall weiter, solltest du noch weitere Fragen zu Blockchains haben. Denn das Potenzial das Internet zu revolutionieren hat diese Technologie allemal. Und es kann gut sein, dass wir in der Zukunft viele Datenbank-Systeme unseres täglichen Lebens mit Blockchain-Technologie ersetzen werden. Da die Vorteile einfach auf der Hand liegen und die möglichen Probleme recht überschaubar sind. Natürlich gehen die Meinungen über Blockchains auseinander und es steht jedem selbstredend frei, seine eigene Meinung darüber zu bilden. Es kann genauso gut sein, dass die Probleme dieser Technologie irgendwann zu schwer ins Gewicht fallen und sich nicht weiter umgehen lassen. Wer allerdings einen Einblick auf die Möglichkeiten und das generelle Interesse an dieser Technologie gewinnen möchte, dem sei auf jeden Fall geraten sich mit Bitcoins genauer zu beschäftigen. Das E-Book *„Bitcoin für Anfänger:Wie man Bitcoins kauft, investiert und handelt."* dieser Reihe könnte in diesem Fall interessant für dich sein.

Was ist eine Blockchain?

Hast du schon mal von dieser Technologie gehört, hast aber keine genaue Vorstellung, um was es sich dabei handelt? Hast du dich vielleicht mit Bitcoins beschäftigt und dieser Begriff ist dabei aufgetaucht? Vielleicht hast du bereits versucht dich zu informieren, die Erklärungen waren aber sehr technisch und schwer zu verstehen?

Blockchain-Technologie ist eine neue Methode der Datensicherung

Bei Blockchains geht es in erster Linie darum Informationen sicher zu speichern und dabei für jeden einfach zugänglich zu machen. Die Informationen können dabei jeglicher Art sein, das bekannteste Beispiel ist allerdings Bitcoin als Online Währung. Vielen Nutzern ist aber die Innovation hinter dieser Technologie nicht bewusst. Leider wird sie zudem häufig sehr technisch beschrieben, was es dem Laien nicht erleichtert, diese zu verstehen.

Dabei ist die Blockchain-Technologie eigentlich nicht sonderlich kompliziert. In diesem E-Book wird dir die Blockchain-Technologie einfach und verständlich erklärt und dabei mit Beispielen erläutert, um das

Verständnis zu erleichtern. So kannst du dir auch als Laie ein Bild davon machen, wie diese funktioniert.

Was wirst du lernen?

- Wie eine Blockchain aufgebaut ist.
- Wie eine Blockchain entsteht.
- Was die Vorteile der Blockchain-Technologie sind.
- Was die Nachteile der Blockchain-Technologie sind.
- Wie Blockchains angewendet werden können.

Quellen

Auf den folgenden Webseiten findest du weitergehende Informationen, zu den einzelnen Anwendungen von Blockchain-basierten Systemen (die meisten dieser Seiten sind auf Englisch):

https://bitcoin.org/de/

https://nxtplatform.org/

https://www.openbazaar.org/

https://www.ethereum.org/

https://followmyvote.com/

http://myceliaformusic.org/

Impressum

Text: Copyright © 2017 by Sophia Thiemann

Impressum und Verlag Sophia Thiemann

c/o Papyrus Autoren-Club, R.O.M. Logicware GmbH Pettenkoferstr. 16-18, 10247 Berlin

Alle Rechte vorbehalten.

Nachdruck oder Kopieren, auch auszugsweise, ist ohne Erlaubnis des Autors nicht gestattet.

Cover-Foto: a-image/ https://www.shutterstock.com/image-photo/blockchain-bitcoin-concept-visualized-by-mobile-555405295?src=Ckp52Hb09167xV_nLctIQQ-2

Wichtiger Hinweis:

Die in diesem Buch enthaltenen Informationen dienen ausschließlich informativen Zwecken und dürfen unter keinen Umständen als Ersatz für eine professionelle Beratung oder Behandlung durch ausgebildete und anerkannte Ärzte angesehen werden. Diese beinhalten keinerlei Empfehlungen bezüglich bestimmter Diagnose- oder Therapieverfahren. Die Inhalte dürfen niemals als eine Aufforderung zur Selbstbehandlung oder als Grundlage für Selbstdiagnosen und -medikation verstanden werden. Die Informationen spiegeln lediglich die Meinung des Autors wieder. Der Autor übernimmt für die Art oder Richtigkeit der Inhalte keine Garantie, weder ausdrücklich noch impliziert.

Sollten Inhalte des Buches gegen geltendes Recht verstoßen, dann bittet der Autor um umgehende Benachrichtigung. Die betreffenden Inhalte werden dann umgehend entfernt oder geändert.

Haftung für Links

Das Buch enthält Links zu externen Webseiten Dritter, auf deren Inhalte wir keinen Einfluss haben. Deshalb können wir für diese fremden Inhalte keine Gewähr übernehmen. Für die Inhalte der verlinkten Seiten ist stets der jeweilige Anbieter oder Betreiber der Seiten verantwortlich. Die verlinkten Seiten wurden zum Zeitpunkt der Verlinkung auf mögliche Rechtsverstöße überprüft. Rechtswidrige Inhalte waren zum Zeitpunkt der Verlinkung nicht erkennbar. Eine permanente inhaltliche Kontrolle der verlinkten Seiten ist jedoch ohne konkrete Anhaltspunkte einer Rechtsverletzung nicht zumutbar. Bei Bekanntwerden von Rechtsverletzungen werden wir derartige Links umgehend entfernen.

www.ingramcontent.com/pod-product-compliance
Lightning Source LLC
Chambersburg PA
CBHW050028230526
45470CB00003B/1172